Inhalt

Niederbayern / Rottal–Inn

Bekanntes und Unbekanntes

für Sie entdeckt

Eine stille – und doch viel sagende Landschaft ist diese Region zwischen Isar, Donau und Inn. Ruhig strömende Flüsse, die sich hie und da zu Seen stauen, urwüchsige Auenlandschaften, sanfte Hügel, Ebenen mit ausgedehnten Wiesen, Wäldern und fruchtbarem Ackerland malen ein liebenswertes Landschaftsbild. Viel besuchte Wallfahrtsorte, traditionsreiche Handelsstädte mit historischem Charme und malerische

kleine Ortschaften mit prächtigen Kirchenbauten und reizvollen Schlossanlagen machen den kulturellen Reichtum dieser Gegend aus. Heiße Quellen aus unergründlichen Tiefen tragen das ihre zum Wohlbefinden der Besucher bei.

Folgt man der Isar von München in nordöstlicher Richtung, erreicht man Landshut, einst eine der mächtigsten Städte Deutschlands und Residenzstadt der bayerischen Herzöge. Das nahezu unverändert gebliebene mittelalterliche Stadtbild und das Wahrzeichen der Stadt, Burg Trausnitz, sind Zeugen einer großen Vergangenheit. Die rund 2000 Jahre alte Bischofsstadt Passau, wo sich Donau, Inn und Ilz vereinigen, bezaubert mit südländischem Flair an der Innpromenade. Burghausen besitzt eine der gewaltigsten mittelalterlichen Burganlagen Europas. In dieser Stadt mit ihren heiteren Altstadtzeilen waren früher die Salzmesser für das Messen und Wiegen des "weißen Goldes" verantwortlich. Salz prägte einst auch das Bild Wasserburgs, das landschaftlich reizvoll auf einer Halbinsel am Inn liegt.

Gut ausgebaute Rad- und Wanderwege, vor allem entlang der Flüsse, bieten auch für Familien wunderbare Möglichkeiten, die schöne Landschaft zu genießen. Wer mehr über Fauna und Flora wissen möchte, ist im Europareservat 'Unterer Inn' in Ering genau richtig. Die Auenlandschaften entlang des Inns sind ein einzigartiges Rückzugsgebiet für selten gewordene Tier- und Pflanzenarten. Noch mehr Gutes für die Gesundheit bieten die Thermen im Bäderdreieck Bad Füssing, Bad Griesbach und Bad Birnbach. Hier ist allen ein herzliches 'Grüß Gott' und Willkommen gewiss.

Landshut | Die Pracht vergangener Zeiten

1 Die alte Herzogsstadt Landshut liegt malerisch an der Isar. Südliches Flair finden Sie auf den platzartigen Straßenzügen 'Altstadt' und 'Neustadt' mit Giebelhäusern aus dem 15. und 16. Jh. Das aus drei Gebäuden bestehende Rathaus birgt einen ganz besonderen Schatz: den Prunksaal mit der Darstellung der Landshuter Hochzeit von 1475, als Herzog Georg Hedwig von Polen heiratete. An dieses prachtvolle mittelalterliche Fest wird alle paar Jahre mit einem großen Festzug erinnert.

Residenz Landshut
Altstadt 79,
tgl. 9-18 Uhr

Nicht minder prächtig präsentiert sich die Stadtresidenz, erbaut 1536 – 1543, die als erster italienischer Renaissancepalast nördlich der Alpen gilt. Eine ihrer schönsten Seiten ist die herrliche Kassettendecke im 'italienischen Saal'. Sehen Sie selbst!

Landshut | Narren von oben bis unten

Burg Trausnitz
April-Sept.
tgl. 9-18 Uhr,
Okt.-März
tgl. 10-16 Uhr

2 Die ehemalige Residenz der Wittelsbacher Herzöge von Bayern-Landshut, Burg Trausnitz, thront schon seit 1204 als Wahrzeichen über der Isarstadt und beherbergt manches Sehenswerte, darunter die aus dem frühen 13. Jahrhundert stammende Georgskapelle mit einer wertvollen Kreuzigungsgruppe. Zwischen 1568 und 1578 erfolgte der Umbau der Burg in ein repräsentatives Schloss italienischen Stils. Am bekanntesten ist wohl die mit Malereien aus der Commedia dell'Arte geschmückte 'Narrentreppe'. Die lebensgroßen Darstellungen beginnen im zweiten Obergeschoss und ziehen sich bis in den Keller hinab. Von ganz oben, vom Söller, dem ehemaligen Tanzboden, reicht der Blick weit über Stadt und Isartal.

Landshut | Ein Park zum Entdecken

3 Bereits 1837 wurde die herrliche Parkanlage des Hofgartens der Öffentlichkeit zugänglich gemacht. Nehmen Sie sich Zeit für Ihren Spaziergang durch den Park. Zeit für mehr als sechs Kilometer Spazierwege, farbenfrohe Blumenrabatte, reizvolle Ausblicke auf die Stadt, den herrlichen Baumbestand und das großzügige Tiergehege. Ein Goldfischbrunnen, Ziervögel, Ziegen, Schafe, Rehe und Hirsche erfreuen hier Jung und Alt.

In der Nähe des Tiergeheges treffen Sie auf den reizenden Herzogsgarten, einen kleinen, von hohen Mauern umgebenen Park. Herzog Wilhelm ließ ihn 1780 anlegen, 1782 dann das Herzogsschlösschen erbauen. Die Anlage des Herzogsgartens stammt übrigens vom berühmten Landschaftsarchitekten Friedrich Ludwig von Sckell, der auch den Englischen Garten in München gestaltete. Ihm zu Ehren wurde das Denkmal im Park errichtet (s. Abb.).

Landshut | Mit dem Radl zum See

4 Vor den Toren Landshuts erwartet Sie ein kleines, aber feines Naherholungsgebiet: die Gretlmühle. Sie erreichen diese Oase der Erholung am besten mit dem Fahrrad. Radeln Sie den Isarradweg entlang über den Lurzenhof nach Auloh und weiter zur Gretlmühle. Die Wasserflächen teilen sich auf in Bade- und Surfweiher. Flachwasserbereiche und Nichtschwimmerbucht, Grill- und Kinderspielplätze machen die Anlage auch für Familien interessant. Hier treffen große und kleine Wasserratten auf Gleichgesinnte. Eingerahmt wird die Wasserfläche des Stausees von einladenden Liegewiesen, Kiosk und Umkleidekabinen runden das Freizeitangebot ab. Gönnen Sie sich also eine Pause.

Adlkofen | Chromblitzende Feuerstühle

Auto- und Motorrad-museum
Frauenberger Straße, Ostern-Okt. So. 13.30-16 Uhr

5 Das niederbayerische Auto- und Motorradmuseum in Adlkofen öffnet Ihnen gerne seine Pforten, allerdings nur sonntagnachmittags. Dafür wurden hier nicht einfach Veteranen der Mobilität zusammengewürfelt. Das Motto der Ausstellung heißt: besondere Technik. Nicht das Renommee der Marke ist entscheidend, sondern die jedem fahrbaren Untersatz eigene Technik. Sie können die Begeisterung förmlich spüren, die der Veteranen Fahrzeug-Verein 'Scuderia Isar e.V.' seinen vielen Exponaten entgegenbringt. Namen wie Maserati und Jaguar, Austin Healey, Triumph und MG, Lamborghini und Porsche lassen das Herz rennbegeisterter Besucher höher schlagen, aber auch die deutlich schlichteren Versionen von Tatra, DKW oder NSU und vielen, vielen anderen verdienen Ihre ungeteilte Bewunderung. Und Motorradnostalgiker kommen hier voll auf ihre Kosten!

Dingolfing | Großartiger Badespaß

Freizeitbad Caprima
Stadionstr. 44, tgl. 10-22 Uhr

6 Das ganze Jahr über lädt Sie das Dingolfinger Freizeitbad 'Caprima' zu unbeschwertem Badevergnügen ein. Ob Sie Entspannung suchen im vielfältigen Sauna- und Dampfbadbereich oder Spiel und Spaß in den verschiedenen Wasserbecken, das 'Caprima' bietet für jedes Bedürfnis und für jedes Interesse etwas. Das Heißwasserbecken im Freien mit bis zu 35 °C Wassertemperatur macht Sie vom Wetter unabhängig. Massagedüsen und Wasserpilz locken ebenfalls hinaus. Falls Ihnen die Witterung dann doch zu unfreundlich erscheint, finden Sie über den Schwimmkanal rasch wieder ins gemütliche Innere. Ganz vorne in der Gunst der Besucher rangiert natürlich das Wellenbad mit dem Brandungsstrand. Und falls Sie mehr als Licht und Sonne tanken wollen, lassen Sie sich einfach in der Cafeteria nieder. Ideale Bedingungen also für ein spritziges Vergnügen.

Dingolfing | Immer an der Isar lang ...

7 Der Isarradweg führt von Moosburg über Landshut nach Dingolfing und weiter bis zur Mündung der Isar in die Donau. Auf dem rund 100 km langen Weg wechseln naturnahe Abschnitte mit malerischen und geschichtsträchtigen Ortsdurchfahrten. In Dingolfing erwarten Sie einige besondere Sehenswürdigkeiten: Die Herzogsburg, 1410 bis 1420 erbaut, gilt als eines der schönsten und besterhaltenen Profangebäude der Spätgotik und beherbergt heute das städtische Museum. Dann wären noch die 1612 als fünfbogiger Backsteinbau errichtete Hochbrücke, der Stinker- und der Storchenturm sowie Reiserbogen und Wollertor, bevor es wieder heißt: In die Pedale und an der Isar lang ...

Museum in der Herzogsburg
Obere Stadt 15,
Fr. 14-18 Uhr,
Sa., So. 10-18 Uhr

Mamming | Uraltes Naturdenkmal

8 Vom Isarradweg aus lohnt sich der kurze Abstecher zu einem eindrucksvollen Naturschauspiel, dem rund 3600 Jahre alten 'Wachsenden Felsen', auch Johannisfelsen genannt. Rund 25 m lang und an seiner Basis zwischen 0,7 und 1,2 m breit, "wächst" der Felsen aus dem Hang bis zu einer ansehnlichen Höhe von 4,70 m im mittleren Abschnitt. Am oberen Rand verjüngt er sich auf zierliche vier bis fünf Zentimeter. Darüber läuft ein schmales Wasserrinnsal, gespeist aus einer Quelle im oberen Hangbereich. Kalkablagerungen aus dem Quellwasser bilden in Verbindung mit Moosen und Blaualgen den wasserundurchlässigen Tuff, der das Bett des Bächleins nach unten abdichtet. So wächst der Fels in die Höhe – pro Jahr immerhin einige wenige Millimeter!

Marklkofen | Windiges Vergnügen

9 Zwischen 1971 und 1975 wurde nordöstlich von Marklkofen ein großer Stausee angelegt. Zum ehrenwerten Ziel, einem möglichen Hochwasser Einhalt zu gebieten, gesellt sich ein erfreulicher Aspekt für die Freizeitbeschäftigung: Segler und Surfer können hier auf rund 100 ha Wasserfläche ihr windiges Hobby ausüben. Campingplatz, Bademöglichkeiten, Wanderwege und ein Waldlehrpfad vervollständigen das Angebot zu sportlicher Betätigung und Erholung. Der westliche Teil des Vilstalstausees und die angrenzende Flussauenlandschaft bewahren als Naturschutzgebiet die Lebensgrundlage für eine Vielzahl schon selten gewordener, gefährdeter Tiere und Pflanzen.

Reisbach | Eine Riesengaudi für Groß und Klein ...

Bayern-Park
Fellbach 1,
Mitte April - Okt.
tgl. 9-17 Uhr

10 ... das verspricht der Besuch im Bayern-Park. Wem die rasante Achterbahn nicht geheuer ist, der kann sich auf dem geruhsamen Mississippi-Raddampfer einschiffen. Die Fahrt mit dem Zwergerlkarussell ist für die Jüngsten ein Heidenspaß. Sommerrodelbahn oder Wildwasserbahn, mechanische Pferdereitbahn oder Drachenbahn – hier finden Sie jede Menge Fahrgeschäfte für alle Altersstufen. Den notwendigen Überblick verschaffen Sie sich am besten bei einer gemütlichen Parkrundfahrt. Wer dann noch nicht genug hat, begibt sich auf die riesige Trampolinanlage. Für leibliche Stärkung ist gesorgt, etwa im Biergarten. Und wer dem Trubel vorübergehend entfliehen möchte, macht sich am besten auf einen der zahlreichen Spazierwege durch den Wildpark.

Arnstorf | Ein altes Haus voller Schätze

Alt-Arnstorf-Haus
Vorderer Berg 2, Mai-Okt. 1. So. im Monat 10-12 Uhr

11 Wenige Schritte vom Marktplatz entfernt treffen Sie auf eines der ältesten noch erhaltenen Häuser in Arnstorf, das Alt-Arnstorf-Haus, das im Sommerhalbjahr sonntagvormittags oder nach Vereinbarung zu besichtigen ist. Ein heimatkundlich engagierter Verein füllte das Haus seit 1980 mit neuem Leben.

Im Jahre 1759 aus massivem Fichtenholz erbaut, beherbergt es heute eine mit viel Liebe zusammengetragene Sammlung heimischen Kulturgutes – Möbel, Hausrat und handwerkliche Gegenstände. Interessant sind auch die museale Schusterwerkstatt oder das landwirtschaftliche Gerät in der Scheune. Und das riesige Fotoarchiv dokumentiert die Ortsgeschichte – mit Bürgerporträts und Stadtansichten.

Arnstorf | Adlige Besitzverhältnisse

12 Eigentlich besitzt Arnstorf zwei Schlösser: das Untere Schloss am Marktplatz, heute im Besitz der Gemeinde, und das Obere Schloss. Der Markt Arnstorf war von Anfang an im Besitz der Adelsfamilie Closen, die im Oberen Schloss residierte. Nachdem die männliche Linie des Geschlechtes ausgestorben war, gingen die Güter durch Heirat 1847 an die Grafen von Deym über, die sie auch heute noch besitzen. Der aus dem 15. Jh. stammende Adelssitz wird bis zum heutigen Tag von seinen Eigentümern bewohnt. Deshalb kann man dieses Kulturdenkmal, das sehr idyllisch von drei Seiten durch einen Wassergraben begrenzt wird, auch nur nach frühzeitiger vorheriger Anmeldung (Graf von Deymsche Rentenverwaltung) besichtigen. Sehenswert ist der 'Kaisersaal', so genannt nach einem – angeblichen – Besuch Kaiser Karls VII., mit prachtvollen Wand- und Deckenfresken aus dem Jahr 1714.

Aldersbach | Hier ist weder Hopfen noch Malz verloren

13 Die Klosterbrauerei Aldersbach gehört zu den ältesten Braustätten Bayerns. Bereits Mitte des 13. Jahrhunderts begannen die Mönche des Zisterzienserklosters, das schäumende Getränk herzustellen. Beginnen Sie Ihren Besuch in der prachtvoll barocken Asamkirche, der ersten von den Brüdern Asam gemeinsam ausgestatteten Kirche. Der Rundgang durch die Brauerei belegt, dass hier mit modernsten Methoden gearbeitet wird. Welche Entwicklung die Brauereitechnik im Laufe der vergangenen Jahrhunderte bis heute genommen hat, zeigt man Ihnen anschaulich im ehemaligen Sudhaus von 1734, dem Brauereimuseum. All diese Eindrücke müssen anschließend natürlich verdaut werden – am besten bei einer Maß Bier in gemütlicher Runde.

Aidenbach | Bayerische Bauernkriege

14 Weite und schöne Blicke gibt es immer wieder in der Region Rottal-Inn. So auch vom Denkmal der Bauernschlacht in Reschendobel, östlich von Egglham, erbaut zum Gedenken an rund 640 Bauern aus der weiteren Umgebung. Am 8. Januar 1706 tobte hier die 'Schlacht von Aidenbach', einer der letzten Bauernkämpfe im Rahmen des Spanischen Erbfolgekrieges. Bayern war seit 1704 von Österreich besetzt, die Bauern sollten zum österreichischen Kriegsdienst zwangsrekrutiert werden. Da brach der Aufstand los. Die Parole hieß: "Lieber bairisch sterben als österreichisch verderben!" Unter der Führung von Georg Sebastian Pliganser aus Pfarrkirchen kämpften damals einige Tausend schlecht ausgerüstete Bauern – und die Parole wurde traurige Wirklichkeit.

Klosterbrauerei Aldersbach
Museum: tgl. 12-17 Uhr, Bräustüberl: Mo.-Sa. ab 14 Uhr

Ortenburg | Prächtiges Innenleben

15 Hoch über dem malerischen Markt Ortenburg thront das stattliche Schloss gleichen Namens. Etwa um 1100 entstand hier die erste 'Ortenburg', in seiner heutigen Form wurde die Stammburg der Grafen zu Ortenburg um 1560 errichtet. Der öffentlich zugängliche Teil ist als Museum eingerichtet, das altes Bauerntum mit gräflichem Glanz verbindet. Ihr Besuch beginnt im herrlichen Renaissance-Innenhof mit seinen restaurierten Fresken und Arkaden. Aus derselben Epoche stammt das Prunkstück des Schlosses: Die prächtige Holzdecke in der Schlosskapelle gilt als eine der schönsten in Deutschland. Sie ist ein einzigartiges Dokument unermüdlichen Fleißes und hervorragender Handwerkskunst.

Museum Schloss Ortenburg
April-Okt.
tgl. ab 10 Uhr

Ortenburg | Tierisch gut

16 In der herrlichen Parklandschaft rund um Schloss Ortenburg – einst Gartenanlage und Tiergehege der Adelsfamilie, heute für jedermann zugänglich – tummeln sich Wildtiere aus ganz Europa und darüber hinaus. Der rund 25 ha große Wildpark Ortenburg lockt im Sommerhalbjahr mit Wildschweinen, Hirschen, Luchsen, Mufflons, Yaks, Steinböcken, Murmeltieren und vielen anderen Tieren vor allem Familien an.

Auf die Freunde der gefiederten Tierwelt wartet nur drei Kilometer entfernt der Vogelpark Irgenöd. Über 200 verschiedene, teils exotische Vogelarten, vom Lachenden Hans über den Roten Sichler bis zum Blauen Ohrfasan, entzücken große und kleine Besucher. Wer sich dem nassen Element verbunden fühlt, findet im Aquarium Jaging den farbenfrohen Reichtum der Unterwasserwelt vor.

Wildpark Schloss Ortenburg
April-Okt.
tgl. 9-18 Uhr

Passau | Friedliche Trutzburg

Oberhausmuseum
Veste Oberhaus,
tgl. 10-17 Uhr

17 Rund 100 m über dem Stadtgeschehen thront die 1219 gegründete und im Lauf der Zeit zur Festung ausgebaute Trutzburg und Residenz der Fürstbischöfe. Ihre dicken Mauern lassen zu Recht vermuten, dass es zwischen den geistlichen Herren und dem städtischen Bürgertum über die Jahrhunderte hinweg nicht immer zum Besten stand. Heute öffnet die Veste Oberhaus ihre Tore für friedliche Museumsbesucher. Hier werden verschiedene Kapitel der Passauer Stadtgeschichte aufgeschlagen und Wissenswertes beispielsweise über den mittelalterlichen Salzhandel, die Passauer Porzellanmanufaktur oder das städtische Gesundheitswesen vermittelt. Kunsthistorisch bedeutsam ist die Sammlung gotischer Gemälde und Skulpturen. Passau erlebte im Mittelalter seine größte Blütezeit – als Hauptstadt eines bischöflichen Staates, der von der Donau bis zur böhmischen Grenze reichte und als überregional bedeutende Handelsstadt. Hier wurden Tonnen von Salz umgeschlagen. Kein Wunder, dass Passau durch das 'weiße Gold' zu Reichtum kam.

Genießen Sie von der Festung und vom schattigen Biergarten den weiten Blick auf den Zusammenfluss von Ilz, Donau und Inn!

Passau | Zerbrechliche Kostbarkeiten

Passauer Glasmuseum
Hotel Wilder Mann,
Rathausplatz,
April-Sept. tgl.
10-16 Uhr, Okt.-März
tgl. 13-16 Uhr

18 Nehmen Sie sich Zeit für die umfangreiche Sammlung des Passauer Glasmuseums, das die Entwicklung des kostbaren Materials in Bayern, Österreich und Böhmen darstellt. Dieses Museum beherbergt die weltweit größte Sammlung böhmischen Glases. Rund 13 000 Gläser präsentieren sich von ihrer transparentesten Seite und geben einen umfassenden Überblick über die verschiedenen Epochen der böhmischen Glaskunst – vom Barock, Rokoko, Empire, Biedermeier, Historismus, Jugendstil, Art déco bis zur Moderne. Die Hochblüte der böhmischen Glaskunst war im 19. Jahrhundert. Vier Stockwerke, 36 Räume und rund 400 Vitrinen warten auf neugierige Besucher. Die ältesten Exponate stammen aus der Zeit um 1700, die jüngsten der zerbrechli-

chen Kunstwerke sind immerhin gut 50 Jahre alt. Das Passauer Glasmuseum fand im historischen Gebäudekomplex 'Wilder Mann' ein würdiges Domizil. Das "gläserne Museum" oder – wie Friedrich Dürrenmatt es nannte – das "schönste Glashaus der Welt" begeistert übrigens nicht nur durch die Präsentation verschiedener Epochen des Glasdesigns, zum Museum gehört auch eine der größten deutschsprachigen Kochbuchsammlungen mit 12 600 Bänden von 1450 bis 1950.

Passau | Zu Lande und zu Wasser

19 Bummeln Sie einmal mit Muße durch die entzückende Altstadt von Passau und spüren Sie den Hauch einer 2000-jährigen Vergangenheit. Das südländische Flair am Innkai bezaubert dabei ebenso wie die barocke Prachtentfaltung des stattlichen Stephansdoms, der mit zwei Superlativen aufwarten kann: Er besitzt den größten barocken Kircheninnenraum nördlich der Alpen und die größte Domorgel der Welt. Östlich des spätgotischen Domchors öffnet sich stimmungsvoll der Residenzplatz mit dem Wittelsbacherbrunnen, alten Patrizierhäusern und der Neuen Bischöflichen Residenz, die das Domschatz- und Diözesan-Museum beherbergt.

Über die Anfänge Passaus informiert das Römermuseum Kastell Boiotro, das direkt auf den Fundamenten des spätrömischen Kastells (3. Jh. n. Chr.) steht. Und falls Sie vom Laufen irgendwann genug haben, entdecken Sie die wunderschönen Stadtansichten und die einmalig schöne Lage an Donau, Inn und Ilz am besten vom Wasser aus – bei einer unvergesslichen 'Dreiflüsse'-Rundfahrt.

Domschatz- und Diözesanmuseum
Ostern-Okt.
Mo.-Sa. 10-16 Uhr
Römermuseum Kastell Boiotro
Lederergasse 43,
März-Nov. Di.-So.
10-12, 14-16 Uhr

Neuburg | Hoch über dem Inn

20 Das Land am Unterlauf des Inn – rings um den schön gelegenen Ort Neuburg – lädt zu ausgedehnten Wanderungen ein: Die bewaldeten Hügel spenden im Sommer wohltuenden Schatten, und das wildromantische Inntal bietet immer wieder hübsche Aus- und Einblicke. Genießen Sie die reizvolle Landschaft – fernab der Alltagshektik.

Oder Sie steigen in die Höhe und statten Schloss Neuburg einen Besuch ab. Seine wechselvolle Geschichte beginnt vor rund 950 Jahren, als die Grafen von Vornbach hier ihren Sitz errichten ließen. Über verschiedene Grafengeschlechter, das Fürstbistum Passau und das Land Bayern gelangte das Schloss letztendlich in den Besitz des Landkreises Passau. Nach umfangreichen Restaurierungsarbeiten bietet es nun Prunk- und Festsäle für diverse Veranstaltungen. Sehenswert ist auch der Schlosspark mit dem Barockgarten.

Neuhaus | Malerischer Grenzfluss

21 Der Inn – Lebensader, Grenzfluss und Handelsstraße – prägt die anliegenden Ortschaften. Nicht immer zur Freude der Anwohner, wie die Hochwassermarken am Zollhaus an der Alten Innbrücke von Neuhaus beweisen. Aber in aller Regel bietet der mächtige Strom, ebenso wie seine Umgebung, ein friedliches Bild. Rund 150 km ausgebaute Wanderwege sind ein verlockendes Angebot. Oder Sie wagen sich aufs Wasser und rudern vorbei am zauberhaft gelegenen Wasserschloss Neuhaus von 1320, heute ein Kloster mit Realschule. Wie wäre es außerdem mit einer kleinen Stippvisite in Österreich? Die reizende Barockstadt Schärding liegt genau gegenüber – am anderen Innufer.

Tettenweis | Sein Name steht für Kunst

22 Nach Franz von Stuck wurden jene schön gestalteten Decken benannt, die um die letzte Jahrhundertwende in keinem großbürgerlichen Haus fehlen durften. Am 23. Februar 1863 in Tettenweis geboren, war Stuck Mitbegründer der Münchner Sezession und baute 1898 in der Landeshauptstadt die Villa in der Prinzregentenstraße 60, die Ihnen einen Eindruck seiner Kreativität vermittelt. Stuck wurde in erster Linie durch seine großartigen Decken- und Möbelentwürfe bekannt. So erhielt er 1900 auf der Weltausstellung in Paris für seine Möbel eine Goldmedaille. Er war aber auch ein großer Maler: Klee und Kandinski gehörten eine Zeit lang zu seinen Schülern. Seit 1988 finden nun in Stucks Geburtshaus interessante Wechselausstellungen statt, die sich vor allem mit seiner Arbeit befassen und fast das ganze jahr über zu besichtigen sind.

Bad Griesbach | Alles Gute kommt von unten

23 Hoch über dem idyllischen Tal der Rott erhebt sich das Thermalbad von Bad Griesbach. Aus Tiefen bis zu 1522 m strömen drei Quellen, 30 °C, 38 °C und 60 °C heiß. Diese Thermal-Mineral-Quellen sind vor allem bei rheumatischen Erkrankungen des Bewegungsapparates angezeigt. Die Hallen- und Freibäder sind für die Kur- und Urlaubsgäste mit den beiden "kühleren" Heilwassern gefüllt. Darüber hinaus bieten Wasserfälle, Luftsprudelbecken, Dampfgrotte und Massagedüsen wohlige Entspannung. Eine Attraktion der besonderen Art ist das türkische Bad "Hamam" – eine Labsal für Körper und Geist. Die grüne, sanft hügelige Umgebung des Kurortes tut ein Übriges für umfassende Erholung. Sie müssen ja nicht alle der rund um Bad Griesbach angelegten 120 km Wanderwege beschritten haben. Nehmen Sie sich Zeit und lassen Sie die Seele baumeln.

Geburtshaus Franz von Stuck
Tettenweis, Am Kirchplatz 4, März-Dez. Mi.-So. 14-16.30 Uhr

Bad Griesbach | Mit dem Ballon übers Land

24 Sport und Unterhaltung werden in Bad Griesbach groß geschrieben. Wenn Sie zur Abwechslung mal "in die Luft gehen" und über das schöne Rottal schweben möchten, sind Sie herzlich eingeladen, in die Gondel eines Heißluftballons zu steigen. Zur Ausrüstung gehören festes Schuhwerk und sportliche, der Jahreszeit angemessene Kleidung. Denken Sie aber daran, dass es im Ballon nicht kälter, sondern wärmer ist als am Boden. Und vergessen Sie Ihre Kopfbedeckung nicht. Probieren Sie es einfach einmal aus, das Schweben über den Dingen, zwischen Himmel und Erde. Die niederbayerische Landschaft liegt unter Ihnen ausgebreitet, eine entzückende 'Miniaturausgabe' mit Hügeln, Tälern, Flüssen, Wiesen und Wäldern. Geschwindigkeit und Richtung Ihrer Reise bestimmt der Wind. Lassen Sie sich treiben!

Bad Griesbach | 18 Löcher für jedermann

25 Wer glaubt, der Golfsport sei nur etwas für die wärmeren Jahreszeiten, wird in Bad Griesbach eines Besseren belehrt. Das Golfodrom macht es möglich: ein Putting-Green in der Halle, beheizte Abschlaghütten und überdachte Tees lassen das Herz von Golfbegeisterten höher schlagen. Falls Sie mit solchen Begriffen (noch) gar nichts anfangen können, bietet sich hier die Gelegenheit. Vier 18-Loch- und drei 9-Loch-Golfplätze sorgen dafür, dass sich außer den Profis und den fortgeschrittenen Anhängern dieser schönen Sportart auch die interessierten Einsteiger einen Einblick verschaffen können. Sie müssen dafür auch nicht Mitglied eines Golfclubs werden, denn alle Anlagen sind öffentlich. Schnupperkurse werden zu allen Zeiten angeboten, und auf einer Gesamtfläche von umgerechnet immerhin 670 Fußballfeldern kommt man sich auch nicht so rasch in die Quere.

Bad Birnbach | Heiße Quellen im 'ländlichen Bad'

26 Aus einer Tiefe von rund 1650 Metern kommend und 65 °C heiß, das verhieß eine entsprechende Heilwirkung. So wurde im Zusammenspiel mit der geglückten Umsetzung des von Anfang an konsequent verfolgten Mottos 'ländliches Bad' die 'Rottal-Terme' zu einem weiteren Anziehungspunkt in dieser an Thermalwasser nicht gerade armen Gegend. Hier finden Sie alles für Gesundheit, Schönheit und Wohlbehagen – und haben die Auswahl zwischen 30 Wasserbecken von 26 °C bis 40 °C. Sehr empfehlenswert ist der Spaziergang durch den Kurpark zum künstlerisch gestalteten Pavillon. Marmorlöwen bewachen den Thermalwasserbrunnen im Säulenatrium – ein Ort für Muße und Begegnung.

Bad Birnbach | Ausflug in die Auenlandschaft

27 Dass das Motto 'ländliches Bad' nicht nur für die Kuranlagen gilt, sondern auch wohltuende Auswirkungen auf den Umgang mit der ländlichen Umgebung des Ortes hat, merken Sie spätestens dann, wenn Sie einen Abstecher in die Rottauen machen. So schön die kultivierten grünen Winkel des Kurparks sind – die nahe gelegenen Auen üben einen ganz besonderen Reiz aus. Wandern Sie also vom Kurpark Richtung Süden. Informationstafeln entlang des Naturlehrpfades erklären Ihnen die hiesigen Besonderheiten. Insgesamt fünf Kilometer lang streifen Sie auf diesem Rottauen-Rundwanderweg durch herrlich unberührte Natur. Welch ein Kontrast zum Kurpark – aber schön ist beides!

Pfarrkirchen | Ein Prosit der Gemütlichkeit

28 Wo Bayern ist, sind Biergärten nicht weit. Das trifft natürlich auch für Pfarrkirchen zu. Unter mächtigen Bäumen zu sitzen, eine Brotzeit zu genießen – beispielsweise auf dem Reichenberg –, das ist Erholung pur. Rundum sportlich geht es dagegen zu auf Bayerns ältester Trabrennbahn in Pfarrkirchen. Schauen Sie mal zu, wenn die schnellsten Vierbeiner um die Wette laufen.

Eine Rundung der speziellen Art ist auch die niederbayerische Ausgabe einer "Wallstreet", nämlich die mit schönen Kastanienbäumen idyllisch bepflanzte Ringallee – ehemals Stadtwall – rund um den historischen Stadtkern, der natürlich auch zum Bummel und Schauen lockt – ehe der nächste Durst sich meldet ...

Postmünster | Barockes Kleinod

29 Schloss Thurnstein, auf einer Hügelkette oberhalb von Postmünster gelegen, wurde im 13. Jh. erbaut. Seine heutige barocke Form als Dreiflügelanlage erhielt es Anfang des 18. Jh.s. In dieser Zeit wechselte es häufig seine Besitzer, bis es 1946 in die Hände der Grafen La Rosée kam. Als Privatbesitz ist es nicht zu besichtigen, doch auch ein Blick von außen auf das schön hergerichtete Gebäude lohnt sich. Zugänglich ist außerdem die sehenswerte, über zwei Stockwerke reichende Schlosskapelle im östlichen Flügel.

Einen reizvollen Anblick bietet die spätgotische Pfarrkirche, deren Hochaltar im Stil des Rokoko restauriert wurde. Von weitem sichtbares Wahrzeichen ist aber nicht die Kirche, sondern der südwestlich gelegene, fast 170 m hohe, rotweiße Fernsehturm, Symbol für neue Kommunikationstechnik und ein interessanter Kontrast zur ländlich geprägten Gegend.

Postmünster | Sport wird hier groß geschrieben

30 Das Erholungsgebiet 'Rottauensee' ist ein wahres Eldorado für alle, die sich sportlich betätigen wollen: Rund 60 ha Wasserfläche stehen für Surf- und Segelbegeisterte zur Verfügung. Für gemütlichere Eroberungen des plankenlosen Elements liegen Ruder- und Tretboote reihenweise bereit. Trimm-Dich-Pfad, Reitwege, 18-Loch-Golfplatz, Tennisplätze, Kegelbahnen, Wander- und Radwege sorgen für die nötige Abwechslung bei der Bewegung. Wer es lieber ruhig angeht, ist mit idyllischen Bademöglichkeiten, weiträumigen Liegewiesen und verschiedenen Angelplätzen bestens bedient. Und bei guter Fernsicht reicht der Blick von der Anhöhe südlich des Sees sogar bis zu den Alpen.

Schönau | Naturerlebnis Schlosspark

31 Schloss Schönau stellt im Kern ein mittelalterliches Wasserschloss dar, das um die vorige Jahrhundertwende nach den Plänen des Münchner Architekten Gabriel von Seidl weit gehend verändert, vergrößert und modernisiert wurde. Seit 1671 befindet sich das Schloss in Privatbesitz, die Nachkommen des Freiherrn Riederer von Paar leben heute noch hier in diesem Prachtbau. Sie können aber den Schlosspark besichtigen. 1867 entwarf der königliche Hofgartendirektor Carl von Effner einen Garten für Schönau im Stil eines englischen Landschaftsgartens. Besonders reizvoll ist der unmerkliche Übergang der perfekten Gartenanlagen in der Nähe des Schlosses zum schön gestalteten Landschaftsgarten. Dieser geht dann – wiederum unauffällig – in die freie Natur über. Der 23 ha große Park ist übrigens auch Teil des Landschafts- und Wasserschutzgebietes.

Eggenfelden | Am Brunnen vor dem Rathaus ...

32 ... könnte Ihr Spaziergang durch Eggenfelden beginnen. Unter dem Stichwort "Kunst im öffentlichen Raum" finden Sie in dieser Stadt eine imponierende Sammlung unterschiedlichster Skulpturen und Brunnengestaltungen. Das fängt beim so genannten 'Stadtradl'-Brunnen an dem modernen Marktplatz an und hört beim hinreißenden Schweinebrunnen in der Pfarrkirchner Straße noch lange nicht auf. Würden Sie sich nicht auch gerne zu den drei so lebendig wirkenden Borstentieren setzen und dem zweifelsohne "interessanten Gespräch" lauschen?

Dass die Beschäftigung mit Kunst und Kultur hier zu Hause ist, sehen Sie u. a. daran, dass Eggenfelden mit dem 1963 gegründeten 'Theater an der Rott' eine Spielstätte besitzt, die sich mit größeren Bühnen durchaus messen kann. Schauspiel, Musical, Operette und Oper stehen auf dem abwechslungsreichen Spielplan.

Eggenfelden | Historisches Erbe

33 Moderne Gestaltung und Althergebrachtes begegnen Ihnen in Eggenfelden auf Schritt und Tritt – als Kontrast und Ergänzung zugleich. So beherbergt das kleine Städtchen schöne historische Gebäude in seinen Mauern: die spätgotische Pfarrkirche, das alte Rathaus mit seinem barocken Schweifgiebel oder das Grabmeier-Tor, das einzige erhaltene Stadttor aus dem späten Mittelalter. Freunde des Jugendstils sollten sich die diesem Stil nachempfundene Aussegnungshalle auf dem Friedhof anschauen. Ein entzückendes bauliches Kleinod ist das neugotische Haberlandhaus am Stadtplatz (s. Abb.), 1869 bis 1871 vom Reichstagsabgeordneten und Kirchenmaler Georg Haberland errichtet. Die filigrane Giebel- und Fenstergestaltung erinnert geradezu an weiße Spitze.

Eggenfelden | Nur fliegen ist schöner

34 Der Flugplatz im Eggenfeldener Ortsteil Zainach, südwestlich vom Zentrum gelegen, gehört zu den meistfrequentierten Verkehrslandeplätzen der niederbayerischen Region. Durch seine günstige geografische Lage ist er bei Geschäftsleuten recht beliebt – und im Übrigen der erste bayerische Verkehrslandeplatz mit Instrumentenflugbetrieb.

Falls Sie selber am Steuer über den Wolken schweben wollen, sollten Sie sich mit dem Flugsportverein Eggenfelden in Verbindung setzen, der eine Flugschule für Motorflugzeuge betreibt. Wer lieber anderen das Steuer überlässt, kann zu verschiedenen Rundflügen starten. Außerdem finden Sie natürlich ein Flughafenrestaurant als Treffpunkt für Profipiloten, Hobbyflieger und interessierte Besucher. Hier gibt es immer was zu sehen. Vielleicht kommt auch mal der Polizeihubschrauber zum Auftanken vorbei.

Massing | Hummelfiguren – und mehr!

35 Bekannt geworden ist sie vor allem durch die pausbäckigen Hummelfiguren, zu denen sie die Vorlagen und den Namen lieferte. Aber die Malerin Berta Hummel, die mit 22 Jahren ins Kloster ging, hat ein künstlerisch viel bedeutsameres, leider wenig bekanntes Erbe hinterlassen, das Ihnen im Berta-Hummel-Museum in Massing präsentiert wird. Im Geburtshaus der berühmten Ordensfrau ist neben einer umfangreichen Hummelfigurensammlung ein Querschnitt ihres sonstigen Schaffens zu sehen – vor allem Bleistiftzeichnungen und Aquarelle. Besuchen Sie die unbekannte Berta Hummel und staunen Sie über ihre künstlerische Begabung und ihre scharfe Beobachtungsgabe.

Berta-Hummel-Museum
Marktplatz 32,
tgl. 10-17 Uhr

Massing | Geschichte zum Anfassen

Niederbayerisches Freilichtmuseum
Steinbüchl 5, April-Sept. Di.-So. 9-18 Uhr

36 Das Freilichtmuseum Massing zeigt den Besuchern alte Bauernkultur, wie sie bis vor nicht allzu langer Zeit im Landkreis Rottal-Inn zu finden war. Treten Sie ein und begeben Sie sich auf Spurensuche im Heilmeier-, Schusteröder- und Kochhof, im Freilinger Häusl von 1611, dem ältesten Bauernhaus des Rottals, oder in der Marxensölde. An den Einrichtungs- und Gebrauchsgegenständen erkennen Sie die Arbeitsweisen und Lebensgewohnheiten, die hier bis zum Beginn der Technisierung üblich waren. Handwerksvorführungen, Brauchtumsfeste und Bauernmärkte runden das lebendige Bild einer von mühsamer Arbeit, aber auch von fröhlichem Brauchtum geprägten Zeit ab.

Neumarkt-St. Veit | Tor zum Rottal

37 Das hübsche, mehr als 700 Jahre alte Städtchen an der Rott verdankt seine Gründung dem niederbayerischen Herzog Heinrich XIII. Bummeln Sie in Ruhe durch die malerischen Gässchen und über den Markt und trinken Sie dort einen Kaffee: Der rechteckige, lang gezogene Platz, das Untere und das Obere Stadttor an den jeweiligen Enden und die eng aneinander gebauten Häuser verdeutlichen den niederbayerischen Baustil vergangener Zeiten. Das Gegenstück zum herzoglichen Markt bildet das ehemalige Benediktinerkloster auf dem Vitusberg.

Reizvoll ist auch eine Wanderung entlang der Rott und in der lieblichen Hügellandschaft des oberen Rottals. Besonders für Radfahrer ist diese Landschaft wie geschaffen!

Taufkirchen | Kontrastprogramm

38 Das Wasserschloss in Taufkirchen wird um 1263 erstmals urkundlich erwähnt – im Streit zwischen dem Bischof von Freising und Grimold von Taufkirchen ging es damals um das Besetzungsrecht der Pfarrei. Rund um das Schloss, das unter wechselnden Besitzern den wirtschaftlichen Mittelpunkt bildete, entwickelte sich im Laufe der Zeit die Ortschaft. Taufkirchen ist übrigens der Geburtsort des Schriftstellers Josef Martin Bauer, dessen Roman 'So weit die Füße tragen' über eine jahrelange recht abenteuerliche Flucht aus Sibirien in letzter Zeit zu neuer Bekanntheit gelangte.

Szenenwechsel: Am Ortsrand von Taufkirchen erwarten Sie 3300 Quadratmeter kühles Nass. Das schöne Waldfreibad, dessen Ausstattung drei Schwimmbecken, ein 5-Meter-Brett und großzügige Liegewiesen einschließt, lädt Sie zu Spiel und Sport ein.

Erding | Und freitags geht's zum Bauernmarkt

39 Im Osten der Stadt erwartet Sie das Erdinger 'Bauernhausmuseum am Entenweiher'. Nehmen Sie sich ruhig Zeit für einen ausgiebigen Rundgang durch bäuerliches und handwerkliches Leben der vergangenen vier Jahrhunderte. Insgesamt 15 Gebäude sind auf dem rund 2 ha großen Gelände vereinigt, in der Mitte das Wohnstallhaus aus Rindbach, das zusammen mit anderen Häusern zu einer ansehnlichen Hofanlage aus dem 19. Jahrhundert gruppiert wurde. Treten Sie durch die niedrigen Türen und werfen Sie einen Blick in Wohnstube und Küche. Ein beeindruckendes historisches Ensemble!

Kommen Sie freitags, denn an diesem Wochentag findet von 14.00 bis 18.00 Uhr ein Bauernmarkt statt. Dann bieten Bauern aus dem Landkreis selbst erzeugte Produkte feil.

Bauernhausmuseum
Taufkirchener Str. 24,
April-Okt.
Sa., So. 10-17 Uhr

Erding | Südsee in Bayern

40 Geben Sie den Alltag für einige Stunden an der Garderobe ab und gehen Sie in die Südsee: In der Therme Erding tut man alles, um diese verlockende Vorstellung in die Wirklichkeit umzusetzen. Ob Whirlpool, Perlbad, Sprudelliegen oder Tropenregen, ob Römisches Dampfbad, Kneipp-Bereich oder Solarium, Finnische Sauna oder Erdinger Schwitzstube, hier wird für jedes Interesse und jeden Geschmack etwas geboten. Ein Beach-Volleyball-Feld, zwei große Wasserrutschen und der Abenteuerspielplatz sorgen für Bewegung und der Sauerstoffgarten für neue Energie. Im Sommer können Sie die Südsee problemlos mit heimischen Gefilden in Einklang bringen – im Palmenbiergarten.
Gönnen Sie sich zur Abwechslung doch einmal diese ganzjährig geöffnete, kunterbunte Mischung von vergnüglicher Erholung und Gesundheit.

Erding | Tor zur Welt

41 Faszination Flughafen! Wer kennt nicht das prickelnde Gefühl, wenn die großen Vögel einschweben oder sich mit Donnergetöse in die Luft erheben. Der Flughafen München macht es Ihnen leicht, dieses eindrucksvolle Schauspiel zu verfolgen: Der 28 m hohe Besucherhügel verspricht einen ausgezeichneten Blick auf den laufenden Flugbetrieb. Der Besucherpark besitzt noch weitere Attraktionen: eine Super Constellation, deren Cockpit Sie besichtigen dürfen, eine DC 3 und die legendäre 'Tante' Ju 52.
Umfassende Informationen über den heutigen Alltag eines großen Verkehrsflughafens erhalten Sie im Laufe der rund 60 Minuten dauernden Flughafen-Rundfahrt. Flughafen-Feuerwehr, Enteisungsanlage, Wartungshallen, Frachtabfertigung und vieles andere mehr stehen auf dem Programm. Der ausgiebige Blick hinter die Kulissen lohnt sich!

Poing | Abwechslungsreiche Wildnis

42 Der Wildpark Poing bietet Ihnen ganzjährig auf 57 ha eine höchst abwechslungsreiche Wildnis, in der es schnattert, röhrt, grunzt und pfeift. In diesem waldreichen Freigehege leben mehr als 150 Hirsche und Mufflons. Sie begegnen Wildschweinen, Rehen und Damhirschen, flinke Hasen hoppeln über den Weg, und farbenprächtige Fasane flattern an Ihnen vorbei. Wasser- und Schwarzwild, Sumpfbiber, Waschbären und viele andere Tierarten haben hier Quartier bezogen. Die Luchsfamilie zieht ihren Nachwuchs groß, inzwischen hat sich auch eine Wölfin mit ihrer Familie dazugesellt. In den Sommermonaten erfahren Sie bei der Greifvogelschau Wissenswertes über diese faszinierenden Tiere, Adler, Falken und Eulen beweisen eindrucksvolle Flugkünste.

Wildpark Poing
April-Okt. tgl. 9-17 Uhr, Nov.-März tgl. 11-16 Uhr

Moosach/Niederseeon | Treffpunkt Natursee

43 Wer einen gemütlichen Badesee schätzt, ist hier gut aufgehoben, muss diese Freude an schönen Wochenenden allerdings mit vielen Gleichgesinnten teilen. Der Steinsee wird von reinem Quellwasser gespeist, seine Wasserqualität entsprechend geschätzt. Gegen ein Eintrittsentgelt finden Sie saubere und gepflegte Liegewiesen in einer parkartigen Anlage vor, und das Plantschen und Schwimmen im weichen Wasser gerät zum reinen Vergnügen. Schaukel, Karussell und Sprungturm vervollständigen das Angebot im Strandbad. Der schön gelegene See wurde unter Naturschutz gestellt. So finden Sie bei Ihren Wanderungen rund um das Gewässer noch lauschige Winkel und ruhige Ecken.

Ebersberg | Rund um die Ludwigshöhe

44 Der Ebersberger Forst gehört mit einer Ausdehnung von rund 90 Quadratkilometern zu den größten geschlossenen Waldgebieten Deutschlands. Insofern trifft es sich gut, dass im Süden dieses Waldes – auf der Ludwigshöhe – ein rund 35 m hoher Aussichtsturm steht, der Ihnen weite Blicke freigibt: Nordwestwärts erstreckt sich ein Meer grüner Baumwipfel, im Süden sehen Sie bei guter Fernsicht 424 Alpengipfel!

Der Aussichtsturm ist auch ein geeigneter Ausgangspunkt für Ihre Wanderungen in die grüne Umgebung, etwa zum schönen Egglburger See, einem Vogelschutzgebiet mit Lachmöwenkolonie, oder zum Klostersee, wo ein schönes, natürlich angelegtes Freibad lockt. Oder zur Hohenlindener Sauschütt – mit Biergarten!

Haag | Deutlich sichtbares Wahrzeichen

Museum des Haager Landes
Im Schlossturm, Kirchdorfer Str. 17, Pfingsten-Mitte Okt. Sa. 13-17 Uhr

45 Bereits von weitem grüßt Sie der weiße Bergfried, imposanter Rest der Haager Befestigungsanlage, die schon 1804 im Wesentlichen abgetragen wurde. Der malerische Turm verteilt auf seine stattlichen 40 m Höhe immerhin sieben Stockwerke. Die unteren vier sind romanisch – 10. bis 12. Jahrhundert, die oberen Geschosse gotisch. Zwischen 1476 und 1481 ließ Graf Sigmund das Spitzdach mit den vier Erkern errichten. Im Turm finden Sie ein Museum zur Geschichte der Grafschaft Haag (1245–1804), das allerdings nur von Pfingsten bis Mitte Oktober geöffnet hat. Der umfangreiche Keramikbestand und die schönen Haager Möbel aus der Zeit von 1680 bis 1815 verdienen Ihre Bewunderung.

Wasserburg | Stadtansichten

46 Wasserburg besitzt eine einmalige landschaftliche Lage: Es wird an drei Seiten vom Inn umflossen, nur eine schmale Landzunge verbindet den Stadtkern mit dem "Festland". Den Namen Wasserburg trägt der Ort, obwohl im 12. Jh. schon erwähnt, erst seit Mitte des 13. Jh.s. Dass die schöne Stadt im Gefolge des Salzhandels im 15. und 16. Jh. zu gediegenem Wohlstand gelangte, lässt sich auch heute noch an zahlreichen gut erhaltenen Bürgerhäusern ablesen. Die historische Altstadt ist ein Augenschmaus. Wer sich keiner Stadtführung anschließen möchte, kann sich auf eigene Faust auf Spurensuche begeben, am besten mit Hilfe eines vom Verkehrsamt herausgegebenen Faltblattes. Und für die Freunde der plastischen Kunst lohnt sich der Skulpturenweg – an der Innbrücke beginnend, flussabwärts.

Wasserburg | Kulisse mit Vergangenheit

47 Wenn Sie der Blick hinter die liebevoll restaurierten Häuserfassaden und in die Vergangenheit interessiert, sollten Sie dem Städtischen Museum einen ausgiebigen Besuch abstatten. Die auf mehrere Stockwerke verteilte Ausstellung in der Herrengasse 15 lässt die Zeit im Nu vergehen. Eine ganz besondere Art von Kunstgenuss bietet das 'Erste Imaginäre Museum für Malerei und Grafik, Sammlung Dietz' im ehemaligen Heiliggeist-Hospital. Starten Sie zu einer Reise zu den berühmtesten Gemälden der Welt ...
Bodenständige Zeitgenossen zieht es zum Wegmachermuseum am südlichen Stadtrand von Wasserburg. Wollten Sie schon immer mal wissen, wie sich der Straßen- und Brückenbau seit den alten Römern weiterentwickelt hat? Dann gehen Sie hin!

Museum der Stadt Wasserburg
Herrengasse 15-17,
Mai-Sept. Di.-So.
10-12, 13-16 Uhr,
Okt.-April Di.-So.
13-15 Uhr

Wegmachermuseum
Herderstr. 1,
Mo.-Do. 8-11.30 Uhr,
13-15 Uhr,
Fr. 8-11.30 Uhr

Wasserburg | Stimmungsvoller Rahmen

48 Das Wasserburger Rathaus entstand zwischen 1457 und 1459 an Stelle eines um 1250 erbauten Rathauses. Die Gliederung des Gebäudes orientierte sich an den damaligen Funktionen: Ratsstube, Tanzhaus, Schranne (Lagerplatz für das städtische Getreide) und Brothaus. Im Brothaus boten Bäcker ihre Ware feil, denn eigene Läden waren ihnen nicht gestattet. Und wehe dem Bäcker, dessen Brote gewogen und für zu leicht befunden wurden! Die Ratsstube, da im Original von 1564 erhalten, auch das Schatzkästlein des Rathauses, fungierte Jahrhunderte hindurch als Versammlungssaal des Stadtrates und der baierischen Kreistage. Der Tanzsaal, heute Rathaussaal, begeistert vor allem durch die tonnenförmig gewölbte Balkendecke und herrliche Wandmalereien. Früher wurden hier Hochzeiten und andere große Feste gefeiert, heute dient er u. a. als schmucker Konzertsaal.

Amerang | Schöngeistiges Schloss

Schlossmuseum
Schlossstr. 50, Pfingsten-Mitte Sept. Führungen: Di.-So. 11, 12, 14, 15, 16 Uhr

49 Schloss Amerang, 1072 erstmals urkundlich erwähnt, steht auf einer von drei tiefen Gräben umgebenen und mit Bäumen bewachsenen Anhöhe. Bekannt wurde Schloss Amerang vor allem durch seinen prächtigen Schlosshof. Im Jahre 1570 bauten die hier im Exil lebenden Herren von Verona den trapezförmigen Arkadenhof in die gotische Burg. Interessanterweise weisen auch alle vierzig Innenräume keinen einzigen rechten Winkel auf! Der dreistöckige Arkadenhof besitzt eine unvergleichliche Akustik. Was liegt also näher, als in diesen historischen Mauern zu musizieren und Theater zu spielen?

Stimmungsvoll unter freiem Himmel, bei Kerzenschein. Eine glückliche Verbindung von Romantik und Kunstgenuss – die Ameranger Sommerkonzerte sind berühmt. Doch nicht erst seit heute. Auf Schloss Amerang wurde über Jahrhunderte die Musik gepflegt. Seit 1821 durch Heirat im Besitz der Freiherren von Crailsheim, öffnet das Schloss jährlich für einige Monate seine Tore zur Besichtigung. Dann ist es möglich, neben einigen anderen Gemächern auch einen Blick in den Musiksalon und in die Schlosskapelle zu werfen. Wer will, kann dort auch stilvoll heiraten.

Amerang | Geschichte eines Statussymbols

50

Im Laufe seiner mehr als 100-jährigen Geschichte entwickelte sich das Automobil eindeutig zum Statussymbol. Diese Entwicklung präsentiert Ihnen das 'EFA-Museum für Deutsche Automobilgeschichte'. Rund 220 Automobil-Klassiker aus allen Epochen lassen die Besucherherzen schneller schlagen. Nehmen Sie sich Zeit auf Ihrem Rundgang durch das Autozeitalter, denn es gilt, faszinierende Schönheiten zu bewundern. Sie sehen die ersten Autos der Welt in trauter Nachbarschaft mit bekannten Kleinwagen der 50er-Jahre, formschönen Sport- und siegreichen Rennwagen. Schwerpunkte bilden die Automobile mit dem Doppelnamen: Mercedes-Benz, die 'Autos für jedermann' aus der Adam Opel AG, die 'Zeichen der vier Ringe': Audi AG sowie die weiß-blaue Nobelmarke aus Bayern. Erfolgreiche Entwicklungen zeigt aber auch der Porsche Motorsport und nicht zuletzt – legendär und unerreicht – der allseits geliebte 'Käfer' von VW.

Wer will, geht zum Abschluss ein Stockwerk tiefer – zur einzigartigen 500 qm großen Modelleisenbahn-Anlage der Spurgröße II.

EFA-Museum
Wasserburger Str. 38,
Di.-So. 10-18 Uhr

Obing | Spaß am, im und auf dem See

51 Nur wenige Orte können einen See ihr Eigen nennen, Obing gehört dazu. Das ovale Gewässer ist im Wesentlichen von einem Schilfgürtel umgeben, der sich im Nordosten zu einer hübschen Badeanstalt mit langem Steg und hübschen Liegewiesen öffnet. Falls Sie sich dort für mehrere Stunden niederlassen wollen: Für sportliche Abwechslung und leibliches Wohl ist gesorgt. Und der Fischbestand im See lockt so manchen Petrijünger zum Verweilen.
Aber nicht nur für Wasserratten ist der See ein beliebtes Ziel. Freunde der Kunst sollten sich auf den idyllischen Seerundweg machen. Halten Sie die Augen offen und Sie treffen unterwegs auf Skulpturen der unterschiedlichsten Art. Was jedoch die einen unter dem Motto "Kunst im öffentlichen Raum, Kunst in der Natur" diskutieren, empfinden andere als Störung der ländlichen Idylle. Am besten ist, Sie bilden sich selber eine Meinung.

Stein an der Traun | Sagenhafte Höhlenburg

52 Die uralte Burg der Törringer auf Stein blickt weit ins Land hinaus. Wenn Sie sich der Burg nähern, werden Sie feststellen, dass sie aus drei voneinander unabhängigen Gebäuden besteht: die obere Burg, auch Hochschloss genannt, darunter – etwa auf halber Höhe – die Höhlen- oder Felsenburg und das untere Schloss, das eine Privatschule beherbergt und wie das Hochschloss nicht zu besichtigen ist. Ihr Ziel ist die alte, trotzig-düstere Höhlenburg, in der der legendäre Raubritter 'Wilder Heinz vom Stein' einst sein ruchloses Unwesen trieb. Im Sommerhalbjahr kann man sich einer rund einstündigen Führung anschließen, Treffpunkt ist am Schlosstor hinter dem Gasthof 'Zur Post'. Gutes Schuhwerk und eine Taschenlampe sind vorteilhaft, damit Sie einen Blick in den 25 m tiefen Brunnen und in das düstere Felsengemach werfen können – Schauder inbegriffen.

Felsenhöhlenburg
Ostern-Sept.,
Führungen: Di.-So.
13.30 + 15 Uhr

Altötting | Unablässiger Pilgerstrom

53 Größter Anziehungspunkt dieses ältesten und bekanntesten Wallfahrtsortes in Bayern ist die so genannte Gnadenkapelle. Im Jahre 1489, als Berichte über zwei Heilungswunder, der Legende nach vollbracht vom frühgotischen Bildnis der Schwarzen Madonna, die Runde machten, begann der Pilgerstrom nach Altötting, der seitdem nicht mehr abreißt. In silbernen Urnen – rund um die Schwarze Madonna angebracht – haben seit dem Kurfürsten Maximilian I. (gest. 1651) sogar alle Kurfürsten und Könige aus dem Hause Wittelsbach ihre Herzen bestatten lassen.
Altötting bietet natürlich noch mehr sakrale Sehenswürdigkeiten. Und solche, die mit dem Glauben zusammenhängen, beispielsweise die mechanische Krippe: Auf rund 25 qm sind die Geburt Christi und Alltagsszenen aus Bethlehem dargestellt. Und auch an Souvenirs für spätere Erinnerungen herrscht kein Mangel.

Mechanische Krippe
Kreszentiaheimstr. 18,
März-Dez.
tgl. 9-18 Uhr

Perach | Der Weiher lädt zum Bade

54 Der Peracher Weiher ist ein 'Nebenprodukt' des Inns: Der Kiesabbau für die Innstaustufe Perach hinterließ ein großes Loch in der Landschaft, und was lag da näher, als zu rekultivieren und ein landschaftlich reizvolles Freizeitgelände zu schaffen. So finden Sie heute rund 5 km flussabwärts von Neuötting den Peracher Weiher mit einer rund 10 ha großen Wasserfläche, halb abgeteilt in einen viel besuchten Badesee mit schönen Liegewiesen und Kiosk, die andere Hälfte dient als flachere Regenerationszone mit Lebensräumen für bedrohte Pflanzen- und Tierarten. Die 'Anwohner', die das ganze Jahr über hier ihr Quartier haben, zählen auf die Rücksichtnahme der 'Saisongäste'.

Schildthurn | Der Kleine und der Große

55 Der Anblick der beiden ungleichen Kirchtürme im Weiler Schildthurn zieht alle Besucher in ihren Bann. Die kleine gotische Kirche, gegen Ende des 14. Jh.s erbaut, besitzt einen prächtigen Barockaltar und ist alljährlich Ziel des Leonhardiumritts.

Gleich daneben erhebt sich in imposanter Weise einer der höchsten gotischen Dorfkirchtürme der Welt. Auch wenn dieses Gebäude in keinem Rekordbuch verzeichnet ist, steht der Turm als architektonische Meisterleistung einer mittelalterlichen Dorfgemeinschaft ohne Beispiel da. Aus Tuffsteinblöcken errichtet, ragt er 78 m in die Höhe und wird dabei immer filigraner. Dieser Eindruck wird verstärkt durch den Spitzhelm. Betrachten Sie die ungleichen 'Brüder' und die aparte Wirkung.

Tittmoning | Strandbad mit Kulisse

Burg Tittmoning
Mai-Sept., Führungen: Fr.-Mi. 14 Uhr

56 Von Tittmoning bis zum Leitgeringer See ist es eine gute halbe Stunde zu Fuß. Das ist aber nicht der einzige Spaziergang, den die umweltbewusste Gemeinde anbietet. Auenlehrpfad, Bienenlehrpfad, Landwirtschaftlicher Lehrpfad und Walderlebnispfad bieten kurzweilige Möglichkeiten, sich mit der Vielfalt und Faszination der Natur und der landwirtschaftlichen Entwicklung zu befassen. Steigen Sie auch einmal zur Burg Tittmoning hinauf: Sie finden dort bedeutende Sammlungen aus dem bäuerlichen und bürgerlichen Leben, gesammelt seit 1889 vom Historischen Verein. Abkühlen können Sie sich nach so viel Kultur im herrlichen Leitgeringer See, bei guter Sicht vor einer imposanten Alpenkulisse.

Burghausen | Zu Füßen der Burg

57 Der alte Flusslauf der Salzach bildet heute an der Westseite des Burgberges den Wöhrsee mit seinen vielseitigen Wander- und Bademöglichkeiten. So glitzert am Fuße der Burg dieses Gewässer wie ein Juwel in der Sonne und lädt Jung und Alt ein: zum Sonnenbaden auf den ausgedehnten Wiesen, zu schönen Kahnpartien auf dem ruhigen Gewässer oder einfach nur zum Schwimmen im Strandbad – die Bedingungen für erholsame Stunden sind gegeben. Und im Winter trifft man sich hier zum Schlittschuhlaufen und Eisstockschießen. Der Wöhrsee ist zudem Ausgangspunkt zahlreicher Wandermöglichkeiten in die nähere und weitere Umgebung. Oder wie wäre es mit einer Tour rundherum?

Burghausen | Mauern, so weit das Auge reicht

58 Mit sechs Innenhöfen und genau 1043 m Länge gehört das Wahrzeichen Burghausens zu den mächtigsten mittelalterlichen Befestigungsanlagen. Rechnen Sie für den Burgrundgang am besten eine gute Stunde ein – und dann haben Sie noch kein Museum von innen gesehen. Unzählige Türme und Gebäude mit den unterschiedlichsten Funktionen, vom Benefiziatenturm über Kastenamt, Hexenturm, Zucht- oder Arbeitshaus, Büchsenmeisterturm und Georgstor bis zur Schatzkammer und dem Bergfried, hier finden Sie alles, was zu einer stolzen Bastion gehört – inklusive malerische Ausblicke auf Fluss und Stadt. Die Hauptburg an der Südspitze des langen Berges sollten Sie aber – bei aller Ablenkung unterwegs – auf jeden Fall erreichen.

Burghausen | Stadt mit südlichem Flair

59 Seit Jahrhunderten liegt Burghausens malerische Altstadt eingebettet zwischen Burg und Fluss und hat fast unverändert seine mittelalterliche Bausubstanz erhalten. Nach dem großen Brand im Jahr 1504 wurde die Stadt im gotischen Stil wieder aufgebaut, im Laufe der Zeit erhielten die Häuserfassaden Blendverzierungen im Barock- und Rokokostil – ein glänzendes Beispiel für die Inn-Salzach-Bauweise. Bummeln Sie durch die Stadt, bewundern Sie das schöne Rathaus, das entzückende Tauffkirchen-Palais und vieles andere mehr. Besonders schön ist auch die Messerzeile, wo früher die Salzmesser wohnten, die für das Messen und Abwiegen des "weißen Goldes" verantwortlich waren. Sehen Sie selbst!

Burghausen | Salzachabwärts

60 Die Stadt Burghausen veranstaltet zwischen Ende April und Mitte Oktober eindrucksvolle Kahnfahrten salzachabwärts: die sog. Plättenfahrten. Plätten sind Nachbildungen der mittelalterlichen 'platten' Salzkähne, mit denen das "weiße Gold" von Hallein und Bad Reichenhall die Salzach abwärts geschafft wurde. Für Ihre Fahrt stehen zwei Plätten zur Auswahl, in denen je 53 Personen Platz finden. Abfahrt ist in Tittmoning, rund 18 km südlich von Burghausen, die Fahrt dauert rund eineinhalb Stunden. Steigen Sie also ein und lassen Sie sich gemächlich treiben. Sie gleiten vorbei an Wiesen und Wäldern, Kirchen und Mühlen – und zum Schluss grüßt Sie majestätisch die Burg "von oben herab".

Kirchdorf/Inn | Mit dem Radl unterwegs

61 In Niederbayern radelt man am besten entlang der Flüsse. Praktischerweise gibt es auch Querverbindungen, sodass Sie die Flussbegleitung durchaus wechseln können. Der 88 km lange idyllische Inntal-Radweg beginnt in Marktl, kurz vor der Einmündung der Salzach. Sie müssen ja nicht die ganze Strecke an einem Tag bewältigen. Rechts und links des schönen Flusses lohnen Abstecher in die idyllische Umgebung. Statten Sie beispielsweise in Kirchdorf/Inn der spätgotischen Kirche Mariä Himmelfahrt einen Besuch ab. Diese Ortschaft ist zudem günstiger Ausgangspunkt für schöne Wanderungen auf markierten Pfaden. Ob Sie in die Pedale treten oder zu Fuß unterwegs sein wollen – hier macht beides Spaß!

Ering | Oase für die Vogelwelt

62 Eine Drehscheibe der ganz besonderen Art sind die Innstauseen zwischen der Salzachmündung und Neuhaus. Hier kommt nämlich der interkontinentale Vogelzug auf dem Weg vom und zum Winter- bzw. Sommerquartier vorbei. Grund für den Zwischenstopp ist das reichhaltige Nahrungsangebot der Schlickflächen in den Stauseen. Vom hölzernen Beobachtungsturm bei Eglsee aus bieten sich beste Möglichkeiten, die gefiederte Vielfalt zu bestaunen: Zeitweise leben hier fast 300 Vogelarten. Vergessen Sie also nicht, das Fernglas einzustecken! Blaukehlchen und Sumpfrohrsänger, schneeweiße Silberreiher und der seltene Nachreiher, Lachmöwen und sogar Seeadler lassen sich hier beobachten – und mit etwas Glück der 'fliegende Edelstein', der Eisvogel.

Ering | Europareservat Unterer Inn

Infozentrum Europareservat Unterer Inn
April-Okt. Di.-Sa. 10-12, 13-17.30 Uhr, So. 13-17.30 Uhr

63 Zur ersten Orientierung sollten Sie im Infozentrum Europareservat Unterer Inn in der Innwerkstraße 15 vorbeischauen (Dez. bis Feb. geschlossen, Nov. und März eingeschränkte Öffnungszeiten). Dort werden Ihnen neben ausführlichen Informationen mittwochs und sonntags auch geführte Wanderungen durch das Europareservat angeboten. Die lohnen sich nicht nur wegen der reichhaltigen Vogelwelt: Rund 800 verschiedene Schmetterlingsarten wurden hier gezählt, auch die seltene Äskulapnatter hat ein Refugium gefunden. Seit über 30 Jahren baut der Biber wieder seine imposanten Burgen in den Inn. Und auch die Pflanzenwelt fasziniert mit selten gewordenen Arten wie etwa dem Helmknabenkraut.

Bad Füssing | Gesundbrunnen

64 Im traditionsreichen Kurort Bad Füssing sprudelt – als freigebiges Geschenk der Natur – aus über 1000 Metern Tiefe, mit einer Temperatur von 56 °C, schwefelhaltiges Thermal-Mineralwasser. Durch die effiziente Zusammensetzung dieses Heilwassers entwickelte sich Bad Füssing innerhalb weniger Jahre vom verträumten Weiler zum weltbekannten Kurort. Das Bad ist daher auch kein gewöhnlicher Kurort, sondern eine architektonisch geplante 'Insel' zur Heilung und Erholung. Heute stehen Ihnen hier drei große Thermal-Mineralbäder mit üppigen Badelandschaften zur Verfügung. Die Wassertemperatur beträgt in den Thermalhallen- und -freibädern zwischen 27 und 42 °C, so richtig zum Wohlfühlen also. Was sagt Ihnen denn eher zu: das Osmanische Bad, die Finnische Sauna oder das Römische Schwitzbad? Wenn Sie es noch nicht wissen, hier können Sie es ausprobieren!

Bad Füssing | Bauern und Bernstein

65 Das Bauernhausmuseum von Bad Füssing, am Rande des schönen Kurparks gelegen, öffnet seine historischen Tore gerne für interessierte Besucher. Auf engstem Raum vermittelt man hier jahrhundertealte bäuerliche Kultur. Treten Sie ein und schauen Sie in Küche und Stuben. Das schöne Holzhaus war einst das repräsentative Wohngebäude eines inzwischen aufgelösten Vierseithofs.
Ein Museum, das Sie in dieser Gegend Deutschlands wohl nicht unbedingt erwarten würden, ist das sehenswerte Bernstein-Museum. Neben wunderschönem Schmuck, Skulpturen und anderen Gegenständen aus dem versteinerten Baumharz finden Sie hier auch eines der größten Schachspiele der Welt – aus Bernstein natürlich!

Bauernhausmuseum
Illyrerweg 3,
Fr. + Sa. 10-16 Uhr

Bernstein-Museum
Heilig-Geist-Str. 2,
Di.-Fr. 9-12 + 14-17 Uhr, Sa.,So. 14-17 Uhr

Bad Füssing | Grüne Refugien

66 Wenn Sie vom Wasser ein wenig Abstand gewinnen wollen, dann spazieren Sie doch in Ruhe durch Bad Füssings Grünanlagen. Da wäre zum einen der Kurpark mit gepflegten Wegen, weiten Rasenflächen und farbenfrohen Blumenrabatten. Im Heilkräutergarten lernen Sie, dass gegen (fast) jede Krankheit ein Kraut gewachsen ist. Und bei schönem Wetter wird Ihnen als angenehmer Ohrenschmaus noch das Kurkonzert geboten.

Für ausgedehntere Spaziergänge empfiehlt sich der Kurwald mit Waldlehrpfad. Zwei eher selten anzutreffende Lehrpfade finden Sie in den nahe gelegenen Innauen, die als Vogelschutzgebiet ausgewiesen sind: den Vogelkundeweg und den Fischereilehrpfad auf dem Inndamm. Die schönen Auwälder und vielen kleinen Seen tragen das ihre zu Ihrem Wohlbefinden bei.

Die schönsten Radtouren
für Sie entdeckt

Naturerlebnis und Geselligkeit, Anstrengung und Erholung – dieses Wechsel- und Spannungsverhältnis macht den Reiz einer Fahrradtour aus. Und da neben der sportlichen Betätigung vor allem die Freude am Radfahren nicht zu kurz kommen soll, radelt man auf ausgeschilderten Wegen oder idyllischen Nebenstraßen, streift kleine und große Seen oder begleitet Flüsse und Bäche. Dabei spielt es keine Rolle, ob es sich um einen kurzen Sonntagsausflug, eine anspruchsvolle Tagesfahrt oder um

8 Fahrradtouren

eine mehrtägige Tour mit allen Schwierigkeitsgraden handelt. Was zählt, ist das intensive Erlebnis und nicht so sehr die zurückgelegten Kilometer. Ob man nun allein, mit Freunden oder der Familie unterwegs ist – immer ist auch der Weg das Ziel: Wer mit offenen Augen durch Deutschland radelt, entdeckt reizvoll gelegene Badeseen und gemütliche Biergärten, die unter Schatten spendenden Bäumen zur Rast einladen, oder kleine Museen mit verborgenen Schätzen. Oft grüßen romantische Schlösser und Burgen auf halber Höhe, die mit weiten Ausblicken punkten. Geht es gar zu steil bergauf, darf der Drahtesel auch mal geschoben werden. Dafür weht der Fahrtwind bergab umso kräftiger um die Nase.

In diesem Freizeitführer und in der beigefügten Freizeitkarte werden die schönsten Fahrradtouren vorgestellt. Die abwechslungsreichen Strecken berühren sehenswerte Ausflugsziele und wecken die Freude an Natur, Kultur und Geselligkeit.

Tour 1 | Freising – Isarradweg – Moosburg – Landshut

1

Länge: 46 km
Dauer: 3,5 bis 4 Stunden
Etwa die Hälfte der Strecke fährt man auf Naturfahrwegen. Es gibt keine erwähnenswerten Steigungen.

Vom Bahnhof Freising folgt man den gelben Wanderwegschildern durch die Hintere Isarau und fährt über die Brücke von Marzling nach Hangenham. Ab hier geht es rund 3 km auf dem Isardamm nach Oberhummel. Man radelt durch die Mittlere Isarau, überquert den Amper-Überführungskanal und fährt weiter nach Moosburg. Zwischen Moosburg und Landshut liegt die Vogelfreistätte Mittlere Isarstauseen, ein Naturschutzgebiet mit seltenen Vogelarten. In Weixerau sollte man auf die Radwegtafeln achten! Über Apoing geht's zum Stausee Uppenborn und nach Eching, dahinter erreicht man wieder Landshut.

Tour 2 | München-Universität – Englischer Garten – Ismaning – Universität

2

Länge: 30 km
Dauer: 3 Stunden
Leichte Fahrt auf schattigen Rad- und Kieswegen, keine Höhenunterschiede, kaum Verkehrsberührung.

Von der Uni geht es in den Englischen Garten, am Monopteros und Chinesischen Turm vorbei zum Seehaus am Kleinhesseloher See. Am Schwabinger Bach entlang stößt man auf den Biergarten Aumeister, der zur Brotzeit einlädt. Anschließend fährt man an der Isar entlang, erreicht die Brücke der B 471 und wechselt zum anderen Ufer. Dort radelt man in Gegenrichtung zum Isarwehr Oberföhring und folgt dem Isarufer, bis man auf der Luitpoldbrücke die Isar überquert, zum Haus der Kunst gelangt und weiter bis zur Uni fährt.

Tour 3 | Wasserburg – Mühldorf – Altötting – Burghausen

3

Länge: **70 km**
Dauer: **5 Stunden**
In den Landkreisen Rosenheim und Mühldorf findet man vorbildlich markierte Radwegenetze. Höhenunterschiede: 150 m auf- und 200 m abwärts.

Man fährt von Wasserburg (s. Abb.) Richtung Burgau bis zum Weiler Thalkirch, wo man die B 15 verlässt und über Soyen und Lengmoos nach Gars gelangt. Am Stampflberg und Stampflschloss vorbei, das einen Abstecher lohnt, geht es nach Aschau und über Thann und den Innwerkkanal nach Pürten. Nun folgt man dem schönen Radweg durch den Mühldorfer Hart bis zur Klosteranlage Ecksberg und weiter nach Mühldorf. Man radelt nun weiter bis kurz vor Altötting und erreicht über die Burghauser Straße das Ziel: das südländisch anmutende Burghausen.

Tour 4 | Mühldorf – Wasserburg – Ebersberg – München

4

Länge: **110 km**
Dauer: **8 Stunden**
Bis kurz vor München bergige Tour. Daher und aufgrund der Länge für Kinder nicht zu empfehlen.

In Mühldorf begibt man sich zum Innkanal und erreicht über Ebing den Ort St. Erasmus. Bis Fraham folgt man dem Uferstäßchen am Inn. Später erreicht man den Soyensee und fährt weiter nach Wasserburg. Die historische Altstadt des traditionsreichen Städtchens lädt zum Verweilen ein. Anschließend führt die Tour über Edling und Nederndorf bis Steinhöring und von dort über Oberndorf nach Ebersberg. Durch den gleichnamigen Forst fährt man über Anzing nach Poing. Nächste Station ist Feldkirchen. Dort folgt man der Ausschilderung ins Zentrum von München.

Tour 5 | Burghausen – Hochburg/Ach – Braunau a.I. – Schärding – Passau

5

Länge: 90 km
Dauer: 7 Stunden
Der Radweg von Hochburg/Ach bis Passau ist durchgehend als 'Naturerlebnisweg' markiert. Die Tour führt etwa 150 m bergauf sowie 200 m bergab.

In Burghausen (s. Abb.) überquert man die Salzachbrücke und gelangt hinauf nach Hochburg/Ach. Nach Braunau folgt man dem grünen Radwegschild, das hinunter zum Inn führt. Die Tour geht nun über Frauenstein und Kirchdorf nach Oberndorf. Weiter der Landstraße folgend radelt man nach Reichersberg, hinter dessen Kloster wieder der markierte Radweg benutzt wird. Ab Wernstein geht es gemächlich am Inn entlang bis Passau. Die alte Bischofsstadt besitzt eine malerische Altstadt und lockt am Innkai zu einer erlebnisreichen Dreiflüsse-Rundfahrt.

Tour 6 | Passau – Simbach

6

Länge: 65 km
Dauer: ca. 7 Stunden
Fast ausschließlich bergige Strecke, größte Steigung ab Passau über ca. 7 km Länge.

Ab Passau hält man sich zunächst Richtung München. Nach einigen Kilometern hat man die größte Steigung geschafft und erreicht nun Neuburg am Inn mit seiner stattlichen Burg aus dem 11 Jh. Über Neuhaus und über Hartkirchen radelt man in die Bad Füssinger Ortsteile Werding und Egglfing. Bald sind die markanten Kirchtürme von Aigen sichtbar. Danach fährt man über Biberg und Urfahr nach Malching. Hinter Ering ermöglicht das Europareservat "Unterer Inn" interessante Einblicke in eine reichhaltige Vogelwelt. Von dort ist es nicht mehr weit bis zum Grenzstädtchen Simbach.

Tour 7 | Simbach – Altötting – Mühldorf

7

Länge: **50 km**
Dauer: **5 Stunden**
Größtenteils bergige Strecke. Wer möchte, kann diese Tour auch mit Tour 6 verbinden.

Von Simbach aus fährt man zunächst nach Machendorf. Von hier nimmt man den kleinen, aber ruhigen Umweg über Kirchdorf nach Marktl und überquert den Inn. Nach Hohenwart, wo man die aus dem Chiemsee kommende Alz überquert, erreicht man Emmerting und folgt der Ausschilderung durch den Öttinger Forst nach Altötting. Danach geht es gleich weiter nach Tüßling. Der kürzeste Weg – er ist ausgeschildert – führt über Polling nach Mühldorf, ein typisches Innstädtchen mit laubengeschmückten Bürgerhäusern.

Tour 8 | Passau – Patriching – Gaißa – Passau

8

Länge: **20 km**
Dauer: **2 Stunden**
Höhenunterschied: ca. 160 m. Rückweg im Donautal z.T. sehr belebt, Kinder sollten verkehrssicher sein.

Startpunkt dieser Tour ist die Veste Oberhaus in Passau. Man fährt Richtung Ruderting und gelangt nach Thanöd. Hier folgt man der Ausschilderung mit einer roten 13 am Doblhof vorbei und erreicht immer dem Wegweiser folgend Patriching, schließlich den Fluss Gaißa und bald darauf die Gaißamühle. Dahinter biegt man auf die Hauptstraße (Wegweiser "Bushaltestelle nach Passau") ab. Hinter Ziegelstadl radelt man auf einer Nebenstraße nach Wörth und weiter zum Donaukraftwerk Kachlet. Auf einem Fußweg und später über die Landstraße geht's zurück nach Passau.

Impressum

Bildnachweis

Titelbild: Studio Lang, Ostfildern
Fotos Ausflugsziele: Ars AG Nr. 35; Bayern-Park Nr. 10; Bildagentur Huber/ Giovanni (Aufmacherfoto); M. Birgmann Nr. 8; HB Verlag/Th. P. Widmann Nr. 1, 19, 41 + 53; W. Kern Nr. 17, 39, 43, 44, 45, 46, 47, 48 + 49; Landratsamt Dingolfing-Landau Nr. 9; H. Reichholf-Riehm Nr. 63; Stadt Eggelfingen Nr. 32 + 33; W. Storto Nr. 23, 25 + 64; Therme Erding Nr. 40; alle übrigen Fotos R. Schenk-Kern
Fotos Radtouren: W. Kern S. 43 + 44; Studio Lang S. 42, 45 + Aufmacherfoto

Impressum

Allianz Freizeitführer

Redaktion: Radegunde Schenk-Kern
Kartografie: Mairs Geographischer Verlag, Ostfildern
Gestaltung: red.sign, Stuttgart
Layout: Studio Lang, Ostfildern

Die Angaben in diesem Freizeitführer, insbesondere die Anschriften und Öffnungszeiten, wurden sorgfältig geprüft. Für die Richtigkeit der Angaben kann trotzdem keine dauerhafte Gewähr übernommen werden. Die in dieser Broschüre vorgestellten Radtouren basieren auf Vorgaben der Kompass-Radwanderführer, erschienen im Deutschen Wanderverlag.